Lucia Monacis
Giuseppe Toto

La psicologia della musica nelle principali scuole di psicologia

Youcanprint *Self-Publishing*

Titolo | La psicologia della musica nelle principali scuole di psicologia

Autore | Lucia Monacis, Giuseppe Toto

ISBN | 978-88-93324-82-3

Youcanprint Self-Publishing

Via Roma, 73 - 73039 Tricase (LE) - Italy

www.youcanprint.it

info@youcanprint.it

Facebook: facebook.com/youcanprint.it

Twitter: twitter.com/youcanprintit

giusy.toto@unifg.it

..un musicista abituato a qualunque melodia scoprirà che, una volta che essa si sia messa in moto nella sua testa, le idee delle diverse note si susseguiranno ordinatamente nella sua mente, senza che egli vi presti particolare cura o attenzione...

John Locke, The Works of John Locke, vol. 1 (An Essay concerning Human Understanding Part 1)[1689], CHAP. XXXIII.: Of the Association of Ideas, section n. 6, p. 421

La psicologia della musica nelle principali
scuole di psicologia

INTRODUZIONE

I repertori bibliografici di psicologia della musica testimoniano la quasi assenza di bibliografia italiana in questa disciplina; la situazione sembra migliorare se la tematica musicale viene osservata da un punto di vista pedagogico ed educativo.

Anche la letteratura pedagogica musicale italiana, però, denuncia questo limite ed è stata 'costretta' a confrontarsi con contributi di psicologia musicale, soprattutto di area americana. Se da un lato il valore internazionale della psicologia musicale è foriero di attestazioni di scientificità, dall'altro esso perde i connotati situazionali specifici del contesto italiano.

Il presente lavoro cercando di soddisfare questa carenza storico-epistemologica del panorama di studi italiano fornisce un quadro orientativo del sapere psicologico in ambito musicale; la ricostruzione proposta, è infatti, finalizzata a fornire gli strumenti teorici su cui si basano gli odierni percorsi di ricerca. La moderna psicologia della musica è il punto di arrivo di un ricco dibattito che attraversa le scienze psicologiche da oltre un secolo.

Esautoratasi dalla filosofia, la psicologia della musica ha per lungo tempo riflettuto sui propri oggetti di indagine e sulle procedure metodologiche utilizzate nelle ricerche. Assicuratasi l'autonomia la psicologia della musica ha percorso un itinerario epistemologico complesso, in cui sia le teorie che i metodi hanno subito continue ridefinizioni.

Partendo dalla definizione di Gjerdingen[1] secondo cui la psicologia della musica è una specializzazione della psicologia, avente come oggetto di indagine non solo le risposte della mente agli stimoli musicali, ma anche come la mente li elabora, controlla le prestazioni e le valuta, in riferimento agli studi storico-epistemologici, lo stesso autore mostra come all'inizio del XX secolo la psicologia della

---

1 Gjerdingen R., "The Psychology of Music", in T. Christensen (Ed).*The Cambridge History of Western Music Theory*, Cambridge, Cambridge University Press, 2002, p. 960.

musica fu suddivisa in studio della percezione (vibrazione e sensazione del suono) e cognizione. Oggi questa distinzione sembra meno chiara, sebbene le sue radici affondino in epoca classica, quando già le opere di Aristosseno (*Sulla musica* e *Ascolto della musica del IV a.C.*) si attardavano su questioni psicologiche. Volendo, invece rintracciare le prime riflessioni in termini di emozioni e di sensazione, dobbiamo risalire alle riflessioni filosofiche moderne di Bacone e Locke, oltre alle scoperte nel campo della Meccanica e della Fisica che proprio tra Seicento e Settecento hanno posto le basi scientifiche dello studio delle sensazione nell'Ottocento[2].

Inoltre, riguardo l'evoluzione storico-epistemologica della psicologia della musica il contributo di Micheal Thaut presente in *Oxford Handbook of Music Psycology*[3] diviene significativo, in quanto illustra come tale branca della psicologia sia nata contestualmente agli esordi della psicologia scientifica, partendo cioè dalle sperimentazioni fisiologiche di von Helmholtz leggibili nello

---

2 *Ibidem*, p. 961.

3 Cfr. Thaut M., "History and Resarch", in Hallam S., Cross I., Thaut M.,(Eds)., *Oxford Handbook of Music Psycology*, Oxford, Oxford University press, 2009.

storico volume *On the sensation of tones as a physiolagical basis for the theory of music* (1863), per giungere poi alle interpretazioni ormai classiche delle correnti strutturalista, funzionalista, della psicologia della Gestalt e del cognitivismo.

Il volume affronta: il tema delle origini storiche e delle moderne interpretazioni di una disciplina, quale la psicologia della musica che si nobilita grazie all'emergere dei primi studi di psicologia sperimentale tra la metà dell'800 e i primi anni del '900 (capitolo 1 – Lucia Monacis); la contestazione delle prime teorie scientifiche da parte della scuola della Gestalt e del comportamentismo e, infine, gli apporti contemporanei del cognitivismo (capitolo 2 e 3– Giuseppe Toto).

FISIOLOGIA &
MUSICA

LE ORIGINI DEGLI STUDI

Nell'ambito della psicologia generale lo studio degli effetti della musica su cognizione, emozione e personalità oltre ad essere un argomento controverso, è oggetto di un fiorente dibattito alimentato dal carattere inter/multidisciplinare degli approcci di ricerca. Rintracciare le origini storiche della *quaestio* permette di cogliere modelli e interrogativi che hanno attraversato la disciplina per secoli e di scoprire come le varie scuole di pensiero siano giunte a differenti conclusioni. La storia della psicologia della musica, da un punto di vista squisitamente scientifico, procede in parallelo con quello della psicologia scientifica, ma ha subito nel corso degli ultimi due secoli strappi e lacerazioni che rendono talvolta difficoltosa la ricerca di risposte univoche.

Partendo dalla più recente definizione di Gjerdingen (2002) la psicologia della musica è una specializzazione della psicologia che ha come oggetto di indagine le risposte della mente agli stimoli musicali, come essa li elabora, come controlla le prestazioni e le valuta (p. 956). La comprensione di un brano musicale, in generale, attiva una complessa rete di capacità cognitive che investono abilità come la memorizzazione, l'attenzione o l'analisi delle strutture (D. Schon, L. Akiwa-Kabiri, T. Vecchi 2007[4]). Lo studio dei processi cognitivi *tout court* applicati all'ambito musicale sono il frutto di una lunga gestazione che affonda le sue radici nelle prime sperimentazione della psicologia scientifica.

All'inizio del XX secolo la psicologia della musica, come esposto in letteratura[5], fu suddivisa in studio della percezione (vibrazione e sensazione del suono) e forma di cognizione. Oggi questa distinzione sembra meno accentuata e comprensibile, ma affonda le sue radici in epoca classica, quando già l'opera sulla teoria musicale del filosofo greco

---

4 Schon D., Akiwa-Kabiri L., Vecchi T., *Psicologia della musica*, Carocci, Roma, 2007, pp. 7-8.

5 Hallam S., Cross I., Thaut M., *The Oxford Handbook of music psychology*, O.U.P., Oxford, 2009, p. 552: «*Psycology of music as a new and independent scientific discipline started its development in the middle of the nineteenth century. It was a component part ...*».

Aristosseno si attardava su questioni psicologiche.

Le prime riflessioni 'scientifiche' sulle sensazioni suscitate da un'esecuzione musicale risalgono ai filosofi Bacone e Locke che abbandonano l'approccio numerico allo studio della musica per una visione olistica; sarà proprio a partire dal Seicento e nel Settecento che le scoperte nei campi della Meccanica e Fisica porranno le basi scientifiche dello studio della sensazione nell'Ottocento.

Per lungo tempo l'interpretazione e le teorie musicali avevano subito il filtro interpretativo della filosofia tanto che autori come Schopenauer aveva definito la musica l'incarnazione più pura della volontà umana, l'espressione dei sentimenti umani nella loro interpretazione astratta come idee metafisiche o, Nietsche che la intendeva come qualcosa che trascendeva la realtà e riscattava la condizione umana. In quegli stessi anni (1863) ispirato da idee positiviste l'empirista von Helmholtz, fortemente interessato alla percezione sensoriale, conduce uno studio prevalentemente fisiologico sulla percezione delle tonalità. Il suo libro "La dottrina delle sensazioni delle tonalità come base fisiologica per la teoria della musica" (*Die Lehre von den*

Tonempfindungen als physiologische Grundlage für die Theorie der Musik), infatti, è solitamente citata quale prima opera di impronta scientifica di psicologia della musica. Egli giunse perfino a formulare teorie e leggi della risonanza con lo scopo di unificare i dati provenienti dalla fisica e dalla fisiologia con le interpretazione musicologiche e filosofiche: egli non solo intuì che il suono può essere considerato come la somma di un certo numero di movimenti vibratori corrispondenti a suoni parziali del suono stesso, ma ne elaborò un modello matematico[6].

Allievo di von Helmholtz, Wundt fonda il leggendario laboratorio nel 1879 a Lipsia che divenne il centro fondativo per la nascente "psicologia strutturale", il cui programma era quello di tracciare i costituenti fisiologici della coscienza. Wundt aveva abbracciato una teoria largamente diffusa secondo la quale i singoli nervi portano "specifiche energie nervose" al cervello (1874). Ogni segnale rappresenta una sensazione unica, e predisporre un inventario di tutte queste sensazioni significherebbe per gli strutturalisti catalogare gli elementi della

---

6 *Ibidem*, pp. 552-554.

coscienza[7]. Nasce così la psicologia scientifica o strutturalismo di Wundt concentrata alla ricerca degli elementi di base della coscienza, alla loro combinazione e a rintracciare sulla scia delle suggestioni di Helmoltz i possibili collegamenti fra coscienza e sistema nervoso.

Quasi in contemporanea agli studi di Wundt compare nel 1883 un volume dal titolo *Tonpsychologie* scritto dal filosofo Carl Stumpf, il quale diventerà l'antagonista delle precedenti teorie di Wundt; furono questi primi studi di psicologia sperimentale focalizzati in ambito acustico a generare numerose controversie. La prima disputa ricordata dagli storici della psicologia[8] come il classico scontro fra teorie psicologiche contrastanti che non giunse ad una sintesi scientifica, fu proprio quella tra Wundt e Stumpf che tenne banco in Europa per oltre un decennio. La disputa ha origine dalla pubblicazione di una serie di misurazioni di Luft prima e di Lorenz poi, entrambi allievi di Wundt, secondo i quali la relazione esistente fra due frequenze e la loro distanza percepita negli intervalli musicali non fosse logaritmica

---

7 Cfr. Wundt W., *Grundzüge der Physiologischen Psychologie*, Leipzig, W. Engelmann, 1874.

8 Boring E. G., *The psychology of controversy*, in Psychological Review 36, 1929, pp. 97-121.

ma bensì lineare, in contrasto con le leggi della percezione psicosensoriali di Weber-Fechner[9].

In particolare, Lorenz addusse 110.000 casi, ai quali aveva chiesto di riconoscere il suono medio fra tre suoni, stabilendo prioritariamente che i due estremi non dovevano superare le due ottave. La prima critica mossa da Stumpf a questa ricerca fu che la mole di casi analizzati non erano attendibili, perché i soggetti non erano tutti esperti musicalmente e, quindi, molti dei quali impossibilitati a riconoscere gli intervalli.

Per gli strutturalisti, e per Lorenz appunto, l'idea fondante era che la coscienza musicale era scomponibile, e dunque misurabile, in sensazioni-elementi minimi che collegati originavano la percezione; di altro avviso era Stumpf che considerava improduttiva questa scomposizione in elementi semplici (seppur possibile) della percezione. Quest'ultimo partendo dall'idea che la percezione uditiva seguisse la proprietà fondamentale della fusione, poiché i soggetti coglievano simultaneamente i due toni come un unico tono, condusse in questa direzione i suoi

---

9 A.A. V.V., *Oxford Handbook… op. cit.*, pp. 532 e sgg.

esperimenti, rifiutando completamente le scomposizioni dei suoi avversari.

Di questo pensiero era lo stesso Wundt, che attaccò Stumpf criticando la teoria della fusione e ribadì il valore della ricerca di Lorenz, poiché l'esclusione delle abilità musicale nel veicolare la coscienza degli intervalli musicali, avrebbe reso scientificamente pregnante la ricerca, altresì relegata allo studio di pochi eletti, come invece aveva suggerito Stumpf. Fuori dalla controversia rimane vivo e contemporaneo il dibattito fra la priorità di un approccio psicofisico e di psicologia sperimentale o di un approccio centrato sulle conoscenze musicali come precondizioni per la ricerca in psicologia sonora; tale dibattito ancora attuale è generalizzabile alle grandi questioni della ricerca scientifica in psicologia.

Di matrice completamente opposta sarà il funzionalismo americano che enfatizzando i processi mentali rispetto alle strutture e ai contenuti, ripensa la musica non già come scomposizioni di toni o misurazioni di intervalli, bensì come unità significante (Bingham 1910). Già James Cattell formatosi presso il laboratorio di Wundt aveva appreso dalla tradizione di ricerca tedesca l'accuratezza e la precisione nella raccolta dei dati percettivi. Egli, però, a differenza del suo maestro spostò il suo interesse verso le 'differenze individuali' nelle percezioni. Egli costruì una batteria di test fondata sull'idea che esiste una forte relazione tra abilità mentali (musicali) e abilità nella percezione sensoriale[10]. Sempre di matrice funzionalista è il più ampio programma di ricerca di psicologia della musica nel 1930 ad opera di Carl Seashore (1866-1949) negli Stati Uniti. In una monografia comparsa nel 1919[11] Seashore, a ridosso della prima guerra mondiale, auspica l'utilizzo in ambito educativo e in particolare nella selezione dei talenti musicali degli stessi criteri utilizzati per la selezione dell'esercito statunitense[12]. Si fonde in questa fase la psicologia della musica intesa come percezione e cognizione alle tecniche di misurazione psicometriche. Questo test era organizzato in una serie di coppie stimolo- acustici e il

---

10 Humphreys J. T., *Musical Aptitude Testing: From James McKeen Cattell to Carl Emil Seashore*, in Research studies in music education, 1998, p. 46.

11 Seashore C. E., *The Psychology of Musical Talent*, Boston, Silver, Burdett, 1919, p. 7.

12 Sinatra M., *L'aurora della psicotecnica*, Laterza, Bari 1999, pp. 55-58.

soggetto era chiamato a decidere se gli stimoli erano gli stessi o diversi. Le sezioni del test misuravano, ad esempio differenze nella percezione dell'altezza, il timbro, la durata o la struttura di schema ritmico. Ancora oggi sono apprezzati il rigore e la validità scientifica di questo test nella misurazione della percezione della potenza acustica (ancora oggi buono strumento nella verifica neuropsicologica dei danni celebrali), viene però criticatolo scarso valore quale indicatore di abilità musicali.

INTERPRETAZIONE
MUSICALE

LE PRIME CONTROVERSIE NELLE 'CLASSICHE' SCUOLE DI PSICOLOGIA

Il positivismo maturo secondo la definizione di Comte si caratterizza dalla ricerca di spiegazioni che coordinano dati empirici e da quest'ultimi trovare leggi che spieghino la realtà fenomenica; l'osservazione scientifica era la chiave di lettura delle leggi di natura. Una prima reazione alla psicologia strutturalista in Europa si ebbe con la scuola della Gestalt.

Oltre oceano, in America, gli stessi studenti che si erano formati nel laboratorio di Wundt ebbero una reazione funzionalista alla lettura strutturale della mente. Il Funzionalismo è un orientamento che in psicologia si contrappone allo strutturalismo poiché dava importanza ai processi piuttosto che al contenuto mentale. Secondo questo programma, infatti in letteratura non viene definito vera e propria scuola". I fenomeni psichici sono funzioni mediante le quali l'organismo si adatta all'ambiente ed esse sono unitarie e non già elementi separati (elementarismo) secondo quanto prescriveva l'approccio dello strutturalismo[13].

Un importante funzionalista americano che si è distinto nel campo della psicologia della musica è, il già citato, Carl Seashore, che si occupò nello specifico di come adattare o creare nuovi strumenti per lo studio dell'esecuzione musicale. Sotto molti punti di vista egli è considerato un pioniere nella psicologia americana della musica ed ha, tra le altre cose, sviluppato il primo test oggettivo di attitudini musicali nel 1919.

Esauritasi la funzione contestatoria del funzionalismo, in Europa due importanti studiosi quali: Ernst Mach (1838-1916) e Christian von Ehrenfels (1859-1932), quest'ultimo studente di Brentano, notarono in uno dei loro esperimenti che i soggetti consideravano identiche due melodie anche quando più note in esse sono diverse. Essi, pertanto, giunsero alla conclusione che anche le **forme musicali** nella loro totalità sono quindi diverse dalla somma degli elementi che le compongono ed hanno quindi una qualità di

---

13 Harré R., Lamb R., Mecacci L., *Psicologia. Dizionario Enciclopedico*, Laterza, Bari, 1992, p. 523.

Gestalt. Ciò significa che il tutto della melodia è diverso dalla somma delle sue parti[14], ponendo le basi di un approccio gestaltista alla psicologia della musica, che influenzerà per decenni gli studi musicologici.

A seguito dell'avvento delle nuove correnti e programmi psicologici degli anni '20 e '30 del secolo scorso, la psicologia della musica ha subito una profonda revisione del suo statuto disciplinare, poiché il focus di analisi si è spostato da uno studio tecnicistico-formalista della tonalità verso uno spiccato interesse nei confronti di costrutti della psicologia scientifica e generalista quali la percezione, la comprensione e la valutazione di complesse strutture melodiche, armoniche, formali e ritmiche quali parti costitutive del linguaggio musicale. In altre parole, in questa fase si assiste al passaggio dallo studio delle sensazioni (con le corrispondenti emozioni che suscitano) allo studio sistematico della percezione.

Apice di questi studi fu, infatti, l'opera di Ernst Kurth (1931) "Musickpsychologie" della ormai consolidata scuola della Gestalt è spesso

---

14 Martinelli R., *Musica e teoria della Gestalt. Paradigmi musicali nella psicologia del primo Novecento*, in Il Saggiatore musicale, V 1998, pp. 93-110.

citata come una delle prime opere che testimoniano questa trasformazione. Leggendo quest'opera si comprende che le forme musicali, appunto, seguono una complessa architettura di schemi sonori assemblati in sistemi (o campi grazie ai quali li percepiamo) basati su regole ed organizzati in cinque dimensioni simultanee e sequenziali:

- Ritmo e tempo;

- Altezza/ melodia / polifonia;

- Spazio/ timbro e volume[15].

Alla stregua del funzionalismo la psicologia della Gestalt si oppose all'elementarismo del conterraneo Wundt che scomponeva invece i fenomeni e le percezioni nei suoi aspetti elementari, per poterli comprendere e studiare. Alla Gestalt appartenevano tre giganti della psicologia tedesca Max Wertheimer(1880-1943) Kurt Koffka, (1886-1941) e Wolfang Kohler (1887-1967) variamente influenzati dalle teorie di Stumpf. Wertheimer. oltre ad essere l'iniziatore degli studi gestaltisti con il

---

15 Kliuchko M., Heinonen-Guzejev M., Monacis L., Gold B. P., Heikkilä K. V., Spinosa V., Tervaniemi M., Brattico E. *The association of noise sensitivity with music listening, training, and aptitude*, in Noise and Health, 17 (78) 2015, pp. 350-357.

suo esperimento sul moto apparente, si dedicò sempre concentrandosi sulle percezioni a studiare la melodia come una "Gestalt". Egli, infatti, analizzando il canto di popolazioni indigene giunse alla conclusione che le singole parti che componevano i canti erano inquadrabili in configurazioni più ampie.

Il sempre attento Stumpf, assegnò a un altro giovane studioso Koffka il compito di effettuare sperimentazioni visive sul ritmo e di studiare il nesso esistente fra rappresentazioni acustiche e ottiche. I suoi studi, inizialmente, consistevano nel predisporre figure proiettate su uno schermo che gli permisero di analizzare l'arco temporale, la ritmizzazione e la ripetizione. Gli stessi esperimenti furono perfezionati da Benussi, che volle dimostrare la relazione e esistente fra la differenza cromatica di due punti colorati e fra due altezze di suoni. Secondo Koffka, infine, anche la memoria sarebbe influenzata nel suo percorso di attivazione da passate esperienze percettive sonore.

I primi studi di Kohler, su esplicita richiesta di Stumpf, riguardarono la ricerca di un metodo per misurare la variabilità del timbro vocale e strumentale, ma ben presto abbandonò l'impresa, poiché si rese conto che tali questioni erano più di natura fisica che psicologica. Kohler ricordato per la formulazione della teoria dell'apprendimento per *insight*, si interessò, in ambito musicale allo studio dell'apparato uditivo attraverso lo studio fotografico del funzionamento del timpano. Le sue innumerevoli sperimentazioni lo condussero a due conclusioni in opposizione al suo maestro ispiratore Stumpf: (1) pur essendoci corrispondenza tra processi psicologici e fisiologici, la sensazione non può essere prodotta dalla semplice stimolazione e registrazione periferica e (2) definì le quantità vocaliche come uniche appartenenti ai fenomeni sonori, non già l'altezza come era stato considerato finora. Sulla scia delle sperimentazioni uditive di Kohler, un altro gestaltista Kreuger postulò l'esistenza di un apparato fisiologico interno che permetteva la percezione come unità nella variabilità sonora alla quale i soggetti sono sottoposti. La teoria della fusione, pertanto, permetteva di chiarire grazie a queste sperimentazioni, che l'atto musicale esisteva in sé senza bisogno di interpretazione cosciente[16].

---

16 Reybrouck M., "Gestalt concepts and music: Limitations and possibilities", in Leman M., *Music, Gestalt,*

Gli psicologi della Gestalt non inventarono lo studio delle parti e delle totalità, ma furono i primi a trasformare le loro osservazioni da modalità percettive a leggi generali, sostenute da dati sperimentali. Si andava sempre più riflettendo che occorreva andare oltre le ricerche sulla percezione dei singoli suoni per esaminare invece come l'individuo li raggruppasse e li riconoscesse; i suoni infatti non hanno significato se considerati isolatamente ma solo se messi in relazione tra loro.[17]

Gli psicologi della Gestalt giunsero alla seguente conclusione: quando un soggetto ascolta una melodia tende a raggruppare insieme le singole note in base a precise regole percettive, così come accade per la percezione visiva come hanno ampiamente dimostrato i gestaltisti, tali regole posso essere riassunte in cinque macro categorie:

> ➤ somiglianza – si raggruppano insieme i suoni che sono simili o per timbro o altezza o intensità;

---

and Computing - Studies in Cognitive and Systematic Musicology, Springer-Verlag London, 1997, pp. 57-69.

17 Martinelli, *Musica e teoria... op. cit.*, p. 95.

- vicinanza – sono percepiti meglio suoni vicini nella tonalità, come le scale, o per la durata;

- figura/sfondo – un suono viene percepito in relazione ad uno sfondo musicale, una tonalità o un tempo, e non in modo assoluto o a sé stante;

- continuità di direzione – la mente costruisce delle sequenze melodiche già dalle prime note riuscendo ad anticipare i suoni, si crea così un'aspettativa dei suoni che verranno, oppure completa dei suoni o dei passaggi anche se questi non sono stati ascoltati;

- buona forma - riguarda il senso ordinato ed estetico e consiste nel riconoscere a livello percettivo un insieme di suoni gradevoli.[18]

Queste riflessioni hanno influenzatogli studiosi di diversi ambiti disciplinari: psicologi, pedagogisti, antropologi, sociologi, poiché che la musica è l'unico linguaggio che procede in modo sequenziale e simultaneo allo stesso

---

18 De Michelis O., Manfredi C., *Psicologia della radio*, Effatà editrice, Milano, 2003, p. 81.

tempo e, così si presta ad un pensiero complesso nella percezione e nell'elaborazione delle informazioni[19].

In ultima istanza è necessario riflettere anche sul ruolo della musica nell'ambito del comportamentismo poiché appare difficile, ad un primo approccio, collocare la musica nello schema stimolo-risposta (S-R) proposto da questa corrente. È opinione condivisa che la musica sia diffusa tra le strutture della società e che tali strutture, inevitabilmente influenzino i comportamenti. Lo stimolo esiste ma è filtrato dal sociale, la risposta continua ad essere comportamentale. Uno dei maggiori esponenti su questa tematica è stato Charles Diserens; lo studioso sosteneva nel suo volume "Influenza della musica sul comportamento", che la società potesse essere equivalente al cane di Pavlov, le funzioni sociali equiparabili ai condizionamenti e la musica considerabile un insieme di stimoli che avrebbero prodotto una risposta organica misurabile analoga alla salivazione del cane[20]. Diserens aveva iniziato una serie di esperimenti all'inizio del '900 per determinare

---

19 Toto G., *L'educazione musicale in Italia: un* excursus *storico*, in Educare.it, 12 (15) 2015, pp. 176-178.

20 Gjerdingen, *The psychology of music…op. cit.*, p. 970.

l'influenza della musica su certi aspetti del comportamento che sono importanti nelle attività ordinarie della vita quotidiana e giunse alla conclusione che i soggetti sono accompagnati da brani musicali svolgono in maniera più veloce qualsivoglia attività. Questo concetto secondo Schon-Akiwa-Kabiri sembra riproposto oggi quando per stimolare e motivare all'acquisto nei centri commerciali si sente musica in sottofondo[21].

Soltanto qualche decennio più tardi con la rivoluzione copernicana del cognitivismo il focus degli studi si concentrerà sulla percezione musicale e le risposte fisiologiche del sistema nervoso (funzioni quali quelle cardiache o legate alla respirazione o ancora alla pressione del sangue). La ricerca ha mostrato oltre ogni ragionevole dubbio, che la musica susciti cambiamenti fisiologici e, ha ipotizzato riorganizzazioni neuronali e sinaptiche, latori di cambiamenti nella percezione e nell'interpretazione della musica da parte dell'ascoltatore.

---

21 Schon, Akiwa-Kabiri, Vecchi, *Psicologia della musica... op. cit.,* pp. 7-8.

RICERCA &
MUSICA

COGNITIVISMO E MUSICA

Dopo aver riflettuto sul ruolo e il valore della musica per il comportamentismo (che, come già detto attraverso lo schema Stimolo-Risposta ne legge le funzioni sociali), si è giunti alla conclusione che occupandosi di musica è semplicistico interpretare i suoi prodotti esclusivamente in una successione di stimoli.

Il discorso sulla musica letto attraverso le categorie interpretative dei comportamentisti S-R ricorda vagamente gli esperimenti di natura fisiologica compiuti dagli strutturalisti, ma la qualità dello stimolo che nel caso della composizione musicale ad esempio, non può essere classificato come un semplice stimolo sonoro bensì presenta una struttura complessa con una specifica organizzazione interna, unitaria e significativa.

Nel periodo di massima affermazione del comportamentismo, alcuni studiosi cominciarono ad interrogarsi su come mai la mente non rispondesse semplicemente agli stimoli secondo l'equazione perfetta S-R, ma li rielabora in relazione a molteplici fattori.

Si diffuse l'idea che la musica potesse elicitare risposte affettive profonde e complesse senza però definire tra queste un nesso di causa-effetto. Il focus della ricerca, grazie a quest'ultima considerazione, si è dunque spostato e arricchito di componenti inediti quali la percezione, la cognizione o la memoria. In quest'ottica lo studio della percezione musicale si è legata, infatti, al funzionamento del sistema nervoso nell'uomo.

Oltre a questo principale filone di ricerca si sono affiancati lo studio degli effetti della musica sulla respirazione, sulla pressione sanguigna e sulle funzioni cardiache (continuando a rispettare l'iniziale vocazione della psicologia fisiologica). Questi studi hanno dimostrato oltre ogni ragionevole dubbio che la musica produca mutamenti a livello fisiologico e che questi ultimi siano la cartina al tornasole dei cambiamenti di interpretazione, e dunque di percezione, della musica da parte dei fruitori. La letteratura psicologica indica lo storico saggio di Ulrich Neisser, Psicologia Cognitiva del 1966 all'origine di una nuova corrente ormai dominante in psicologia, il cognitivismo appunto, che soppiantò definitivamente il comportamentismo. La metodologia della ricerca impiegata dai cognitivisti appare nuova e rivoluzionaria, poiché mediante l'interpretazione di dati statistici ottenuti da test e simulazioni provarono a dare una spiegazione 'scientificamente fondata' della mente umana.

Se l'interesse dei cognitivisti si diresse verso i costrutti della psicologia generale quali: memoria, apprendimento e linguaggio, allora la musica diventò, in questa stagione della psicologia, una complessa rete di linguaggi (e situazioni) che produce molteplici processi cognitivi e investe funzioni del cervello diversificate.

BIBLIOGRAFIA ESSENZIALE

La bibliografia proposta è molto eterogenea perché fornisce, oltre alle opere citate nel testo anche suggerimenti su contributi che possono ampliare la visuale proposta:

A.A. V.V., *Oxford Handbook of Music Psycology*, ed. by Hallam S., Cross I., Thaut M., Oxford, Oxford University press, 2009.

Apostoli A., *L'apprendimento musicale in età prescolare: il concetto di audiation nella music learning theory di Edwin E. Gordon*, in *Musica, Ricerca, Didattica*, a cura di Nuzzaci A., Pagannone G., Lecce, Pensa Multimedia, 2008.

Boring E. G., *The psychology of controversy*, in Psychological Review 36, 1929, pp. 97-121.

Chamorro-Premuzic T., Furnham A., *Personality and music: can traits explain how people use music in everyday life?*, in British Journal of Psychology, 98 (2) 2007, pp. 175-185.

De Michelis O., Manfredi C., *Psicologia della radio*, Effatà editrice, Milano, 2003.

Gardner H., Formae mentis. *Saggio sulla pluralità dell'intelligenza*, Milano, Feltrinelli, 1987.

Gjerdingen R., (2002) *"The Psychology of Music"* in Christensen T., *The Cambridge History of Western Music Theory* , Cambridge: Cambridge University Press, pp. 956–981.

Hallam S., Cross I. and Thaut M., *The Oxford Handbook of music psychology*, O.U.P., Oxford, 2009.

Harré R., Lamb R., Mecacci L., *Psicologia. Dizionario Enciclopedico*, Laterza, Bari, 1992.

Helmholtz H. von, *On the sensation of tones as a physiolagical basis for the theory of music*, Lipsia 1863.

Humphreys J. T., *Musical Aptitude Testing: From James McKeen Cattell to Carl Emil Seashore*, in Research studies in music education, 1998, pp. 42-53.

Kliuchko, M., Heinonen-Guzejev, M., Monacis, L., Gold, B. P., Heikkilä, K. V., Spinosa, V., Tervaniemi M., Brattico, E. *The association of noise sensitivity with music listening, training, and aptitude*, in Noise and Health, 17 (78) 2015, pp. 350-357.

Martinelli R., *Musica e teoria della Gestalt. Paradigmi musicali nella psicologia del primo Novecento*, in Il Saggiatore musicale, V, 1998, pp. 93-110.

Rentfrow P. J., Gosling S. D.,. *The do re mi's of everyday life: The structure and personality correlates of music preferences*, in *Journal of Personality and Social Psychology*, 84 (6) 2003, pp. 1236-1256.

Schon D., Akiva-Kabiri L., Vecchi T., *Psicologia della musica*, Roma, Carocci, 2007.

Seashore, C. E. (1919)*The Psychology of Musical Talent*, Boston, Silver, Burdett.

Seashore, C. E., Lewis, D., & Saetveit, J. C. (1960). *Seashore Measures of Musical Talents Manual*, 2nd Edn New York: Psychological Corporation.

Sinatra M., *L'aurora della psicotecnica*, Laterza, Bari 1999.

Toto G., *L'educazione musicale in Italia: un* excursus *storico*, in Educare.it, 12 (15) 2015, pp. 176-178.

Wundt, W. *Grundzüge der Physiologischen Psychologie*, Leipzig, W. Engelmann, 1874.

INDICE

Finito di stampare nel mese di gennaio 2016

presso youcanprint.